Narración para principiantes:

El factor de éxito en marketing

Cómo contar tu historia y convertir a tus clientes en fans - incluyendo una lista de control del plan editorial

Nicole Menrath

CONTENIDO

Qué puedes esperar de esta guía

Probablemente ya te habrás dado cuenta de que la narración de historias es omnipresente hoy en día y que es difícil imaginar el marketing sin ella. En esta guía, primero obtendrás una visión general de lo que es realmente el storytelling y por qué es una parte importante de una estrategia de marketing de éxito. Además, en la parte teórica aprenderás cómo se estructura una historia clásica, hasta qué punto esta estructura puede integrarse en la práctica empresarial y qué alternativas existen. Y todo ello con la ayuda del ejemplo probablemente más conocido de narración empresarial: ¿adivinas ya de qué empresa estamos hablando?

En una segunda parte, orientada a la práctica, te presentaré la narración paso a paso: desde la formulación de objetivos y la generación de ideas hasta la planificación editorial y el proceso de escritura propiamente dicho, pasando por el grupo objetivo y la publicación optimizada para plataformas de tu historia. Aprenderás por qué necesitas definir con precisión tus objetivos y grupos destinatarios y por qué una buena planificación es ya la mitad de la batalla. Verás que la narración de historias va mucho más allá de la formulación de torpes eslóganes publicitarios, y sin embargo está igual de lejos de una enumeración sin sentido de argumentos de venta basados en hechos. Por eso la guía contiene también toda una serie de consejos sobre la "buena escritura". El tema del "seguimiento y control del éxito" también se aborda brevemente en la conclusión. Tanto en los distintos capítulos de la sección práctica como después, encontrarás útiles listas de comprobación, así como diversos consejos y trucos que te facilitarán el trabajo a largo plazo.

Para los lectores impacientes o avanzados, la parte práctica va seguida de una guía rápida de 11 puntos que transmite de forma breve lo que te expliqué detalladamente en la guía. A saber, cómo dar caña a tu forma de contar historias en marketing, y cómo llevar tu historia al hombre (o a la mujer) de forma estructurada e infalible, desde la planificación hasta la publicación y el posterior seguimiento del éxito.

La narración como factor de éxito en marketing

Hoy en día, el llamado storytelling es omnipresente, sobre todo en las profesiones que tienen "algo que ver con los medios de comunicación". Por eso las empresas en general y sus departamentos de marketing en particular ya no pueden ignorarlo. Antes de que aprendas cómo puedes utilizar tú también el poder del storytelling para tus estrategias de marketing, me gustaría explicarte primero qué es el storytelling, por qué puedes utilizarlo para diferenciarte de tus competidores y cómo puedes acceder mejor a tus clientes de esta forma.

¿QUÉ ES CONTAR HISTORIAS?

El Storytelling es un tipo de infoentretenimiento basado en la idea de convencer al cliente no mediante números, datos, hechos (ZDF), sino construyendo un vínculo emocional, o dicho de forma más sencilla: contando historias. Deriva del inglés "story" y "to tell" y demuestra que hay cosas que nunca pasan de moda: a la gente le encantan las historias. Sobre todo las que les tocan emocionalmente. Da igual que sea un cuento de hadas, una fábula o una película de Hollywood. Lo que todas tienen en común es que el público puede identificarse con el héroe y empatizar con él. Del mismo modo que las historias se han utilizado siempre para transmitir conocimientos complejos de forma comprensible, puedes seguir utilizándolas hoy en día, por ejemplo, para transmitir específicamente los valores de tu empresa o para convencer a los clientes de la singularidad de tus productos y servicios.

La estructura (clásica) de una historia

Quizá aún recuerdes oscuramente aquella vez en clase de alemán en la que te preguntaste: "¿Por qué demonios necesito conocer los cinco actos de un drama y su función?". Pues ahora ya lo sabes: porque contar historias es hoy una herramienta importante para imponerse a la competencia, incluso en los negocios. Y porque las historias, para cautivar al lector, necesitan un arco de suspense.

Por tanto, una vez más de forma breve y concisa: En el primer acto, se responde a las preguntas W, por ejemplo, ¿Quién? ¿Qué? ¿dónde? ¿Y cuándo? Se describe la situación inicial, así como el contexto (histórico). Por último, comienza el conflicto, que en el segundo acto llega a su punto álgido y finalmente alcanza su clímax en el tercer acto: ¿Ganará el héroe o fracasará? Al penúltimo acto le sigue el llamado "momento retardado", es decir, un giro inesperado que retrasa el desenlace del conflicto, y finalmente llega la resolución (esperemos que positiva) de la historia/problema.

Historias en el sector empresarial

Puede que ahora te eches las manos a la cabeza horrorizado y te preguntes qué tiene que ver esto con el marketing y tu empresa. Y, efectivamente, la estructura clásica no sirve para todos los formatos de narración, como verás en la parte práctica. No obstante, es importante tener en cuenta la estructura. Según Simon Sinek, la narración de una empresa también debe centrarse y responder al menos a las siguientes preguntas: *¿Por qué? ¿Cómo? Y ¿Qué?* - con lo que el foco principal debería estar en el "¿Por qué?". Él lo llama el **"Círculo de Oro"**, que responde a las preguntas más importantes del cliente sobre por qué debería elegirte.

El mínimo común denominador entre las historias normales y la narración empresarial reside en tres componentes que toda historia, por pequeña o breve que sea, necesita: Personajes, un conflicto y su resolución. Por tanto, esta forma de narración es especialmente adecuada para tu página "Sobre nosotros", tu propio blog o para el lanzamiento de productos (véase más abajo).

POR QUÉ TU MARKETING SE BE-
NEFICIA DE LA NARRACIÓN

Cuando tengas en cuenta estas características generales, te darás cuenta de que un texto de marketing narrativo ya no tiene demasiado que ver con un texto publicitario clásico. Pero, ¿por qué deberías molestarte? Muchos estudios han demostrado que en los tiempos de Internet y la avalancha de información que la acompaña, la vida no sólo va más deprisa, sino que al mismo tiempo la capacidad de atención humana también se está acortando. Con todos los estímulos que se vierten incesantemente sobre la gente, a menudo no hay tiempo o ganas de ocuparse de un tema (complejo) más tiempo del necesario. Al mismo tiempo, los consumidores son cada vez más indiferentes a la información puramente objetiva y a los torpes eslóganes publicitarios de , debido a la variedad de productos, a veces casi idénticos. Las historias, en cambio, generan atención porque el oyente puede (idealmente) identificarse con el narrador/héroe.

A través de esta acumulación de emociones, también se sacan conclusiones (implícitas) sobre la empresa y se anclan en la memoria en consecuencia. Y ésta es exactamente la razón por la que la narración de historias es un método tan eficaz para diferenciarse positivamente de los competidores. Por un lado, se pueden empaquetar mejor los hechos más complejos, de forma similar a la "moraleja de la historia" de Wilhelm Busch. Por otro, vinculas a tus clientes contigo con la ayuda de las emociones, mostrándoles por qué tus productos y servicios son los más adecuados para ellos y sus necesidades mediante historias ingeniosas, divertidas o instructivas.

Ejemplo de la práctica empresarial: Apple
¿No crees que esto sea posible? Sin embargo, seguro que conoces el que probablemente sea el ejemplo más famoso de storytelling de éxito en la práctica empresarial, aunque puede que no hayas sido consciente de ello: el de Steve Jobs y Apple. Steve Jobs, director general de la empresa tecnológica en aquel momento, sabía cómo presentar Apple y sus productos de la mejor manera posible, como casi nadie. No sólo porque él mismo era un orador carismático. Sino también porque conseguía transmitir ingeniosamente los nuevos productos con la ayuda de "imágenes

tangibles", en lugar de limitarse a desgranar cifras, datos y hechos para alabar los méritos de sus productos. Y lo hacía sistemáticamente, desde el lanzamiento del producto hasta el último detalle de las campañas publicitarias. ¿No me crees? Bueno, entonces quizá deberías echar un vistazo a la presentación del iPod ("1000 canciones en tu bolsillo") o del primer iPhone. No sólo se presenta un conflicto (por ejemplo, el tamaño poco práctico de los Discman y los primeros reproductores MP3 de la época), sino también un antagonista (en forma de alusiones a los productos "anticuados" de otros fabricantes), que hace que el héroe (el producto de Apple, en el que se encontró una solución al conflicto mencionado) parezca incluso mejor en comparación directa.

Apple también es un buen ejemplo en términos de historia empresarial, porque la empresa también transmite el "estilo de vida americano", es decir, el principio "de la pobreza a la riqueza": dos jóvenes apasionados por los ordenadores y la tecnología empiezan en un garaje a desarrollar un ordenador lo suficientemente pequeño y barato como para que los particulares también puedan permitirse uno. Por último, la interfaz de usuario debe desarrollarse de tal forma que incluso las personas que no estén familiarizadas con los comandos del programa puedan utilizar el ordenador de forma intuitiva. Y así, la gama de productos se amplía gradualmente en cuanto Steve Jobs en particular, que en parte también era artista y estaba muy apegado a la música, descubre posibilidades de mejora en productos técnicos ya existentes. El resultado es una empresa conocida en todo el mundo en el campo de la electrónica de consumo y cuya marca es tan fuerte que las emociones asociadas a ella por sí solas bastan en gran medida para seguir garantizando a la empresa grandes cuotas de mercado.

Para volver brevemente al "Círculo de Oro" en este punto: El por qué de Apple probablemente pueda resumirse mejor como "para que el mayor número posible de hogares/personas puedan permitirse los productos correspondientes y porque todavía hay muchas posibilidades de optimización". Esto también nos lleva al cómo: hacer que los ordenadores (y posteriormente otros productos técnicos) sean más pequeños, más prácticos y, sobre todo, más fáciles de usar. Y finalmente también al qué: Apple sondea el mercado, examina los conflictos existentes y busca una solución innovadora para ser mejor/ más rápida que la competencia.

Utilizando a Apple como ejemplo, puedes obtener aún más información en términos de narración corporativa, por ejemplo, sobre lo que puede entenderse por una historia, un relato o una narración. Esto, a su vez, es importante para tu posterior planificación editorial. Porque además de la estructura clásica de una historia ya mencionada, la narración en marketing abarca una gama mucho más amplia de formatos. Desde detalladas entradas de blog, que bien pueden parecerse al clásico viaje del héroe en algunas circunstancias, hasta presentaciones para el lanzamiento de productos, pasando por breves historias en forma de pies de foto en Instagram o tuits individuales. Y además de los formatos más cargados de texto, existe por supuesto, dependiendo de la plataforma, la posibilidad de cambiar a publicaciones basadas en imágenes, sonido o vídeo.

Como ves, tienes posibilidades casi ilimitadas de incorporar la narración a tus estrategias de marketing. Lo importante es que consigas ofrecer al público un valor añadido. Y que pongas a tu héroe elegido, un conflicto y su solución en el centro de tu narración: así te aseguras de que se despiertan en tu grupo objetivo imágenes y emociones familiares, que luego asocian a ti y a tu empresa.

En la siguiente parte práctica de la guía, aprenderás a desarrollar una estrategia narrativa, a poner en práctica artículos concretos y a medir su éxito. Verás que el trabajo preparatorio suele requerir más esfuerzo y tiempo que la propia redacción. Fiel al lema: una buena planificación es la mitad de la batalla. Lo principal será averiguar exactamente qué objetivo persigues, quién es tu público objetivo y cuál es la mejor forma de llegar a él, pero también cómo generar y organizar las ideas, y a qué otras cosas debes prestar atención al escribir.

Cómo cuentas tu(s) historia(s)

En la primera parte, más teórica, de esta guía, aprendiste que contar historias es importante en marketing para diferenciarse positivamente de la competencia y retener a los clientes a largo plazo. También aprendiste que las historias ayudan a la gente a recordar mejor los hechos (complejos). Además, necesitan al menos un héroe, un conflicto y su solución, así como una presentación muy visual (en sentido literal o figurado) para cautivar al destinatario.

DEFINIR OBJETIVOS Y EN-CONTRAR IDEAS

Antes de ponerte a escribir salvajemente, primero debes analizar detenidamente qué objetivo persigues con tu narración y qué historia(s) debes contar para conseguir exactamente lo que te has propuesto. Para ello, puede ser útil responder primero a las llamadas preguntas W, de forma similar a como solías hacer una redacción escolar en alemán. En cuanto se hayan aclarado estas preguntas, los objetivos identificados deben formularse en términos tan concretos que sea posible controlar el progreso y el éxito en consecuencia. Más adelante encontrarás más información al respecto.

Lista de control: Las preguntas W como base más importante

Para tener una idea más clara de qué historias influyen positivamente en tu marketing, especialmente en el llamado marketing de contenidos, en tus propios canales en , primero deberías tomarte el tiempo suficiente para responder a las siguientes preguntas con la mayor precisión posible:

- **¿Por qué? ¿Para qué?** Se trata del objetivo perseguido, es decir, la intención que tienes al publicar tu historia. ¿Quieres dar a conocer mejor la empresa? ¿A empleados individuales? ¿Nuevos productos? ¿Quieres ampliar tu servicio de atención al cliente, por ejemplo respondiendo a las preguntas más frecuentes? ¿Quieres contratar nuevos empleados o captar nuevos clientes e inversores?

- **¿Quién es mi grupo objetivo?** Cuanto más precisa sea la imagen del grupo de personas al que quieres llegar, mejor podrás adaptar tu/s historia/s y mayores serán sus posibilidades de éxito. Intenta ser lo más específico posible sobre a quién quieres dirigirte. Piensa en las características demográficas y sociológicas, como la edad, el sexo, la clase social/ocupación/ingresos, el lugar de residencia, el estado de salud, el tipo de personalidad, los intereses... y luego hazte la siguiente pregunta: ¿qué información y qué tipo de enfoque necesita este tipo de persona? Sin duda, es más probable que un estudiante de una gran ciudad se sienta abordado por un estilo moderno de lenguaje y neologismos que un jubilado de un pequeño pueblo que quizá ni siquiera haya oído hablar nunca de los anglicismos.

- **¿Qué es exactamente?** Esta pregunta tiene que ver principalmente con el contenido de la historia, pero sobre todo con su mensaje central: si quieres presentar tu empresa o incluso al director general, el narrador/héroe y la trama (la acción) son, por supuesto, muy diferentes que si quieres presentar un nuevo producto. Por tanto, el *qué está* muy relacionado con el *por qué y* también con el *cómo, de* forma similar al Círculo de Oro. También debes preguntarte si se trata de una historia única, más bien inmutable (historia fundacional), o de narraciones recurrentes, que tal vez incluso se construyan unas sobre otras, por ejemplo las distintas fases de desarrollo de un nuevo producto, las preguntas frecuentes de los clientes o historias curiosas de la vida laboral cotidiana. Elijas lo que elijas, hay una cosa que nunca debes olvidar: ¡Tu historia también debe ofrecer un valor añadido a la audiencia! Por eso también es tan importante describir situaciones conflictivas, aunque a muchos les suene paradójico al principio.

- ¿Cómo? Sobre todo, ¿cuándo y dónde? Una vez que hayas decidido qué historia(s) quieres contar, debes considerar también, por supuesto, cuál es la mejor manera de "correr la voz". Para poder responder con sentido a esta pregunta, tienes que haber definido con precisión tu grupo destinatario. Ahora se trata de identificar los medios de comunicación que utiliza tu público. También tienes que aclarar si una noticia debe publicarse en una ocasión concreta (por ejemplo, en el 50 aniversario de la empresa, en Navidad...) o si teóricamente podría publicarse "en cualquier momento". Un plan editorial puede ayudarte a estructurar tus ideas, desarrollar una estrategia a largo plazo y dirigirte a los medios de comunicación adecuados en el momento oportuno (véase más abajo).

- ¿Quién es responsable de esto? No sólo las grandes empresas deberían reflexionar sobre este punto, sino (especialmente) las pequeñas y medianas empresas, así como los autónomos. En las grandes empresas, por ejemplo, todo el departamento de marketing podría trabajar en la narración de historias o sólo empleados individuales. Quizá se cree un puesto extra (a menudo anunciado como "creador de contenidos") con este fin. O tal vez se integre a empleados de otros departamentos en el proceso de trabajo por fases (palabra clave: equipos interdisciplinares). Sin embargo, también puede ser necesario externalizar la tarea y delegarla en una agencia de textos, por e-jemplo. Este podría ser el caso, por ejemplo, si tu empresa no tiene suficiente capacidad de personal o si trabajas como autónomo y no te ves en condiciones de gestionar tú solo el tiempo y el esfuerzo adicionales. Pero incluso en este caso, tienes que responder concienzudamente a todas las preguntas anteriores, porque de lo contrario ni siquiera los mejores creadores de contenidos del mundo serían capaces de proporcionarte exactamente lo que necesitas para tu marketing. Por eso te recomiendo que tomes cartas en el asunto: después de leer esta guía, por fin estarás bien equipado.

Objetivos SMART como medida del éxito
Ahora que has aclarado las preguntas más importantes, echemos otro vistazo al objetivo (u objetivos) que quieres conseguir con tu marketing en general y con tus historias en particular. El método SMART Goal es una buena forma de

definirlo claramente:

S - Específico
M - Mensurable
A - Atractivo (en el sentido de "estoy motivado para conseguir este objetivo").
R - Realista
T - Timebound (limitado en el tiempo)

Esencialmente, esto significa que piensas qué quieres conseguir exactamente, cómo y para cuándo. Así también te resultará más fácil dividir los grandes proyectos o campañas en etapas y subtareas más pequeñas.

Un objetivo formulado de forma poco afortunada sería, por ejemplo Queremos aumentar nuestra tasa de conversión (es decir, la tasa de personas que, por ejemplo, no sólo visitan tu sitio web, sino que también compran algo en la tienda virtual).

Mejor: Queremos aumentar nuestra tasa de conversión en un Y por ciento para una fecha X. Este objetivo concreto (basado en las cifras anteriores de tu negocio) no sólo te da un plazo y, por tanto, un marco temporal. También permite medir objetivamente cada uno de los procesos y, por tanto, comprobar periódicamente los progresos. También se puede formular algo similar si en el transcurso de tu análisis de la pregunta W has determinado que ha llegado el momento de abrir un nuevo canal en las redes sociales, por ejemplo.

5 formas de encontrar ideas

Una vez aclarados los objetivos que persigues y a quién quieres dirigirte, ha llegado el momento de pensar en el contenido concreto. En la mayoría de los casos, la historia fundacional, así como las historias sobre tus empleados, productos y consultas de los clientes, son adecuados como puntos de partida iniciales. Dependiendo del tiempo que lleve tu empresa y de lo mucho que ya se sepa de ti y de tu oferta, los siguientes consejos pueden ayudarte a generar más ideas para tu(s) historia(s).

1. Lluvia de ideas - El clásico

La lluvia de ideas consiste en recoger primero tantas ideas como sea posible sobre un tema determinado. Las ideas se evalúan después. Así que al principio todo está permitido, incluso las ideas supuestamente "abstrusas". En cuanto no hay más aportaciones, las ideas se clasifican (temáticamente) y se examina su viabilidad. A menudo, sólo con esto surgen más posibilidades. Para evitar una lluvia de ideas demasiado extensa e ineficaz, es buena idea fijar un plazo en el que se puedan expresar las ideas. Por supuesto, existe la opción de añadir ideas que surjan más tarde.

2. Análisis de las mejores prácticas - ¿Qué puedes aprender de las empresas que ya han tenido éxito?
Sin duda, el término "imitación" suena bastante negativo al principio, más aún cuando en realidad sólo quieres trabajar tu singularidad. Sin embargo, es más probable que ocurra lo contrario, sobre todo cuando se trata de analizar las mejores prácticas. No se trata de copiar ciegamente (y en el peor de los casos incluso palabra por palabra) lo que otra empresa ya ha publicado. Se trata más bien de inspirarse en ello. Por ejemplo, si estás pensando en cómo crear una página "Sobre nosotros" atractiva, merece la pena que eches un vistazo a los sitios web de otras empresas. En el mejor de los casos, encontrarás pistas sobre lo que hace que una página tenga éxito, y si no, al menos descubrirás cómo NO quieres hacerlo. Esto también es una idea muy importante.

3. Volver a las raíces - ¿Cómo convenciste a amigos y familiares de tus planes?
A veces no tienes que mirar muy lejos para conseguir ideas (nuevas), sobre todo si eres autónomo o trabajas en una PYME. Pregunta a amigos y familiares qué asocian con tu empresa. Esto puede ser

interesante para una página "Entre nosotros", así como para historias en torno a los valores de tu empresa. O incluso para los llamados testimonios, es decir, historias que cuentan sobre todo los clientes (pero a veces también los socios comerciales). Quizá salgan a la luz anécdotas divertidas que pueden publicarse bien en una entrada de blog o en tus canales de redes sociales.

4. Utiliza el capital humano de forma creativa - Pide sugerencias a tus empleados

Si trabajas en una empresa grande o, en general, te gusta implicar más a tu equipo en el proceso creativo, puede ser útil hacer una llamada a tus empleados. Por ejemplo, el personal de ventas y atención al cliente puede proporcionarte información sobre las preguntas más frecuentes o incluso las más curiosas. Un proveedor o socio comercial puede querer comentarte cómo es trabajar contigo. Un becario o un nuevo empleado podrían contarte cómo fue la acogida en la empresa y si hubo algún que otro obstáculo al principio que finalmente se resolvió gracias al trabajo en equipo. Como ves, las posibilidades son infinitas.

5. Utiliza el calendario - ¿Qué días festivos (oficiales) y otras ocasiones son relevantes para ti?

Otra opción es consultar el calendario anual y google y anotar los días festivos, conmemorativos, festivales y otras ocasiones relevantes para tu empresa. Por ejemplo, podrían ser días relevantes para ti desde una perspectiva histórica o del sector. ¿O tal vez tú, tu empresa o uno de tus empleados celebráis un aniversario? ¿Quizá estás a punto de ampliar tu gama de productos o de lanzar el modelo sucesor de uno de tus superventas? ¿O tal vez sólo quieras desear a tus clientes una Feliz Navidad o Pascua?

Ésta es sólo una pequeña selección de métodos para encontrar ideas. Quizá se te ocurran muchos más. En cualquier caso, es importante que pienses de antemano en el por qué y el quién, para que puedas sopesar qué ideas tienen realmente sentido. Llegados a este punto, también hay que decir una vez más que una historia en marketing no tiene por qué seguir la estructura clásica de 3 a 5 actos de un drama - el tipo y la longitud de una historia resultan tanto del tema/ocasión de la misma como de los parámetros del medio utilizado: si quieres publicar un post en un blog, naturalmente tienes posibilidades y requisitos técnicos diferentes que si quieres "enviar un tuit rápido", producir un anuncio de radio o publicar una serie de fotos en Instagram sobre tu último producto. (Más sobre esto dentro de un momento, cuando hablemos del plan editorial).

Cuando ahora empieces a desarrollar más las ideas, comprueba siempre que tu historia potencial tenga preparados al menos un personaje, un conflicto y su resolución. Por supuesto, también puedes publicar una historia sin estos elementos básicos; por ejemplo, las felicitaciones de Navidad que acabamos de mencionar. En general, sin

embargo, deberías -como ya se ha dicho al princi-
pio- asegurarte de que ofreces a tu público un valor añadido y también mostrarte autocrítico a veces, en lugar de escribir 0815 sandeces o exagera-
dos autoelogios. Nadie es perfecto, y tus clientes
también lo saben. Contar historias no consiste sólo
en decir "Estamos aquí para ti" o "Puedes confiar
en nosotros", sino también en transmitir al cliente
de forma clara -con ayuda de ejemplos concretos
en historias emotivas y ricas en imágenes- cómo
puede reconocer que realmente vives esos valores.

EL PLAN EDITORIAL - BIEN PLA-
NIFICADO ES LA MITAD DEL
CAMINO GANADO

Se han definido los objetivos y el grupo o grupos
destinatarios, se han recopilado ideas... entonces
ya podemos ponernos en marcha, ¿verdad? ¡Todavía no! De hecho, una buena planificación en la
narración es (al menos) tan importante como
escribir la propia historia. Sobre todo cuando se
trata de integrar las historias individuales en la
estrategia global de marketing.

Así que, una vez aclarado a quién quieres llegar y por qué, ahora tienes que determinar dónde y cómo quieres publicar tus contribuciones. Para ello, primero debes recordar las características más importantes de los distintos medios de comunicación, así como la pregunta de qué medios utiliza tu grupo objetivo y cuáles utilizas ya o te gustaría utilizar. Una vez respondida esta pregunta, aún tienes que decidir qué historia debe utilizarse y cuándo, y si debe aparecer en varios canales o sólo en uno. Porque aunque suele ser cierto que "la mezcla marca la diferencia", no todas las historias son adecuadas para todos los medios, y viceversa.

Seleccionar el soporte adecuado - prestar atención a las características especiales
A la hora de elegir el medio adecuado, se me ocurren dos preguntas: En primer lugar, qué canales utilizas ya y qué otros crees que podrían convenir a tu empresa. Y en segundo lugar, qué canales utiliza tu grupo objetivo. Al fin y al cabo, de poco te servirá el mejor blog si tu grupo objetivo está principalmente en YouTube e Instagram. Además de las preferencias personales, el posible alcance de cada medio y tus recursos económicos también

influyen en la elección de los medios de distribución. Por ejemplo, ¿tendrías la oportunidad de emitir un anuncio de televisión a escala nacional? ¿O sólo te basta con un pequeño anuncio en un periódico local? ¿Quieres gastar dinero en la colocación de la campaña? ¿Y qué hay de los recursos financieros para la producción en sí?

Estas cuestiones también son decisivas para la elección del medio adecuado. En general, se puede distinguir entre "medios propios", "medios de pago" y "medios ganados". Mientras que "medios propios" se refiere a tus propios canales (sitio web, blog, Facebook, Twitter, Instagram, etc.), por cuyo uso no sueles tener costes adicionales (salvo quizás el alojamiento de tu dominio), "medios de pago" se refiere a todos los medios por cuyo uso tienes que pagar dinero (en el sentido de poner anuncios). Puede tratarse, por ejemplo, de anuncios en periódicos o en sitios web de terceros, pero también de anuncios en radio y televisión. "Medios ganados", por otro lado, se refiere a todos los canales que te dan publicidad sin tu propia intervención, a través del llamado boca a boca. Esto significa que los blogueros, por ejemplo, hacen referencia a tu empresa o a tus productos. O tal vez un periódico recoja la historia de cómo habías organizado este año una gala para recaudar fondos con motivo del Día Internacional XY. Son, por así decirlo, lo contrario de los "medios pagados". Estas dos categorías no deben confundirse con el marketing de influencers (activo), porque eso es algo totalmente distinto. Sin embargo, entrar en más detalles al respecto iría más allá del alcance de esta guía.

Independientemente de los costes de los tipos generales de medios, naturalmente también difieren en la presentación del contenido. Mientras que los sitios web y los blogs son especialmente adecuados para textos más largos e historias detalladas, los vídeos se comparten en YouTube y la fotografía se utiliza predominantemente en Instagram y Pinterest para transmitir el mensaje o mensajes, aunque, al menos en Instagram, los textos se están abriendo paso cada vez más. Twitter, por su parte, también se basa predominantemente en textos, pero éstos sólo pueden contener un máximo de 280 caracteres (a partir de 2021). Deberías tener siempre presente esta primera breve visión general de los distintos formatos a la hora de planificar tus historias. Para mantener una visión de conjunto, también merece la pena crear un plan editorial.

Por qué tiene sentido un plan editorial

Mientras que un particular puede limitarse a escribir, filmar, hacer fotos y compartir los resultados, una empresa debe pensar en una estrategia de lo que se va a publicar, dónde y cuándo, para garantizar una comunicación coherente y un hilo conductor. Esto no significa, por ejemplo, que las felicitaciones navideñas sólo deban producirse a principios de diciembre; por supuesto, pueden "preproducirse". Pero en cualquier caso, independientemente del día de producción de una historia, debe quedar claro qué hilo narrativo general siguen tus historias y en qué orden se presentarán al mundo exterior. En cuanto haya varias personas implicadas, un plan editorial es también la herramienta perfecta para hacer un seguimiento no sólo de las fechas de publicación, sino también de todo el proceso creativo y editorial. Aquí es importante crear transparencia y garantizar que todos los implicados sepan quién es responsable de cada tarea y cuándo debe estar terminada.

En el plan editorial, no sólo se anota qué historia va a aparecer cuándo, sino también en qué canales. En este contexto, se anotan las responsabilidades que acabamos de mencionar, así como el material necesario (imagen, sonido, texto...) y posiblemente también el tiempo de producción y los costes. También es útil indicar si los distintos medios de comunicación deben referirse entre sí y en qué medida es necesario realizar ajustes de un medio a otro.

Lista de control: Esto pertenece al plan editorial
A fin de cuentas, el plan editorial es algo así como una importante hoja de trucos: cuanto más cuidadosamente se haya preparado, más fluidas irán la producción y la publicación. Suele ser más fácil establecer el plan editorial como una tabla que puede ampliarse o desglosarse con más detalle según sea necesario. Por ejemplo, puede ser anual, trimestral, mensual o semanal. Por ejemplo, puede haber un resumen anual, trimestral, mensual, semanal y diario. Esto depende de tus preferencias personales, pero también del alcance de tus actividades de marketing . En general, la siguiente información debe incluirse en el plan editorial:

- **Fecha de publicación prevista** (+ fecha alternativa si procede)
- **Tema/trama de la historia**
- **Lugar/tipo de publicación** (qué canal, qué formato)
- **Requisitos específicos por parte del medio** (estilo de presentación, formato)
- **Pasos y recursos de producción necesarios** (por ejemplo, producción de vídeo)
- **Persona/departamento responsable** (¿Hay también partes interesadas externas?)

Si se te ocurren otros puntos que crees que deberían incluirse en tu plan editorial, no dejes de añadirlos; al fin y al cabo, el plan debería facilitarte la vida y, por tanto, adaptarse exactamente a tus necesidades. Esta lista de comprobación está pensada principalmente para darte una primera impresión de lo que hay que pensar en cualquier caso antes de que puedas empezar por fin con la narración propiamente dicha.

PUESTA EN PRÁCTICA - PONERSE A ESCRIBIR

Enhorabuena, ya tienes casi todos los preparativos listos y puedes empezar a escribir. Para asegurarte de que no te quedas atascado en mitad de la historia, primero debes reunir todas las herramientas necesarias, comprobar brevemente que has aclarado las cuestiones más importantes y tener listos todos los elementos básicos de la historia. Y luego se trata de Practica, practica y practica, porque como todos sabemos, ningún maestro ha caído nunca del cielo.

Deberías tener siempre a mano estas herramientas

No sólo durante el proceso de escritura propiamente dicho, sino que es mejor que lleves siempre contigo y a todas partes un cuaderno y un bolígrafo, aunque prefieras registrarlo todo digitalmente. El doble es mejor que el doble, y sería una verdadera lástima que olvidaras tu mejor idea por no haber tenido la oportunidad de tomar notas cuando la tenías.

Lo mismo se aplica a las notas que ya has tomado sobre tu historia. Debes guardarlas todas en el mismo lugar, independientemente de que sea una colección de hojas sueltas o un documento electrónico (o varios). Estas notas no tienen que estar ordenadas todavía, eso vendrá en un segundo paso, sobre todo porque puede que quieras o necesites cambiar el orden que habías planeado inicialmente.

También deberías tener tu plan editorial a la vista o al menos a mano en todo momento. Esto refuerza tu concentración y también te ayuda a tener siempre presente para qué canal o canales estás preparando un reportaje.

Además, no dudes en poner en tu escritorio libros que contengan historias que te hayan cautivado a ti mismo. Esto puede servirte de inspiración y motivación, tanto en el contenido como en el lenguaje, cuando te atasques. También son útiles un diccionario y un diccionario de sinónimos para tener apoyo sobre todo a nivel lingüístico. Y, por supuesto, esta guía, para que puedas leer en cualquier momento cuál es la mejor forma de proceder.

El hilo rojo: organizar las notas y estructurar la trama

Así que, ahora que has aclarado todas las cuestiones importantes y has puesto en marcha todas las herramientas, por fin puedes centrarte en tu historia. Echa otro vistazo a tus notas y aprovecha para revisarlas:

- ¿Tengo (al menos) un personaje, el héroe?

- ¿Hay algún conflicto?

- ¿Tengo preparada una solución?

- ¿Sé por qué, para quién y para qué canal estoy produciendo la historia?

- ¿Sé ya más o menos cómo se desarrollará la trama?

Si puedes responder afirmativamente a las cuatro primeras preguntas, estás preparado para entrar en medias res. De lo contrario, te recomiendo que vuelvas a consultar los capítulos anteriores de la guía y compares críticamente tus notas actuales con las preguntas de análisis.

La quinta pregunta, en cambio, se refiere más a si eres un "escritor intuitivo" o un "planificador". Ambos son buenos; a menudo, estos dos tipos se diferencian principalmente por la experiencia que ya han adquirido. Mientras que los escritores intuitivos, tras el mencionado trabajo preliminar, en realidad ya tienen su narración en mente y sólo necesitan plasmarla en papel, los escritores planificadores sienten la necesidad de organizar sus notas y esbozar primero a grandes rasgos la trama (es decir, el curso de la acción) antes de alimentar su historia con contenido y vida.

Si eres un escritor intuitivo, ¡genial! Entonces puedes seguir adelante y escribir un primer borrador de tu historia. Una vez que estés satisfecho en líneas generales, básicamente puedes saltar al capítulo "prepublicación" si lo deseas. Si es la primera vez que intentas contar una historia o eres un escritor en fase de planificación, te recomiendo que también leas detenidamente los siguientes subcapítulos antes de empezar a escribir definitivamente. Allí encontrarás, entre otras cosas, más consejos e información sobre la construcción de una historia y la elección del lenguaje/estilo narrativo adecuados.

La estructura de tu historia

En términos generales, tu historia necesitará una introducción, un cuerpo y una conclusión, de forma muy parecida a tus redacciones escolares anteriores. Sin embargo, según el formato y la ocasión elegidos, la estructura específica puede variar. En las historias más clásicas, al principio se responde a las preguntas W pertinentes, se presenta el llamado escenario. Te enteras de quién es el héroe y qué suele hacer. Luego comienza el conflicto. Este conflicto y la búsqueda de su solución forman la parte principal de tu historia. Y por último, al final llega la resolución. Esta estructura es interesante, por ejemplo, si quieres contar la historia fundacional o si estás presentando un nuevo producto (véase más arriba, palabra clave: Apple).

Sin embargo, a menudo puede ser ventajoso retorcer un poco la estructura para atraer más atención y, por tanto, más interés. Por ejemplo, puedes utilizar la introducción para ofrecer al público un breve avance de lo que puede esperar de la historia, sin desvelar el final, por supuesto. Sueles encontrar este método en noticias sensacionalistas y de famosos, cuando la frase inicial es, por ejemplo, "¡Lo ha vuelto a hacer!".

En este contexto, se inventó la llamada "llamada de cocina", que da la respuesta a esta pregunta y suele entenderse también como el mensaje principal del texto. La llamada de cocina es una frase que aclara las preguntas W más importantes, así que, por ejemplo, es la frase que también utilizarías si tuvieras que empaquetar tu historia en un solo tuit. El término "llamada de cocina" se remonta a Henry Nannen, que lo entendía como la frase que un hombre "grita en la cocina" a su mujer mientras lee el periódico para resumir sucintamente el artículo que acaba de leer, por ejemplo: "Caramba, el gobierno quiere volver a cobrar más impuestos". La frase es lo bastante informativa como para explicar de qué se trata (subida de impuestos), pero aún no aclara por qué ni de qué impuestos se trata. Esto anima al lector a leer el resto del artículo.

Como puedes ver, tu historia no tiene por qué seguir la estructura de un drama, sobre todo dependiendo del tema y del canal elegido. No obstante, merece la pena seguirla un poco y preguntarte qué información necesita definitivamente tu destinatario. Esta información no debe aparecer sólo al final de la historia, al menos no sin haber sido prefigurada por la correspondiente historia de suspense.

Al elegir la estructura, guíate principalmente por las preguntas "¿A quién quiero llegar con esto?". - un público profesional, por ejemplo, tiene conocimientos previos y expectativas diferentes a las de un nuevo cliente potencial- y "¿En qué canal y en qué formato se publicará mi historia?". Porque aunque lo ideal es que también prescribas (al menos a grandes rasgos) la historia que se va a contar con los vídeos, naturalmente tienes opciones de diseño completamente distintas con los formatos de imagen y película que con un formato de texto puro.

El tono hace la música - la elección del estilo narrativo

Así que si ahora sabes QUÉ quieres contar, ahora tienes que decidir por ti mismo CÓMO quieres contarlo. De nuevo, tienes que saber a quién te diriges, a través de qué canal y por qué motivo. Ya lo ves: Si has hecho bien los deberes, el proceso de escritura te resultará mucho más fácil, porque no puedes evitar las preguntas W. Seguro que tuviste una experiencia similar cuando fundaste tu empresa y empezaste a pensar en cuestiones estratégicas (de marketing).

¿Tú o ella?

Una cuestión básica a la hora de dirigirte a tus destinatarios es si deben tener nombre o apellidos. Por un lado, esto depende del tipo de empresa que seas (una joven start-up tecnológica se dirigirá a sus clientes de forma diferente que una marca de moda de lujo) y, por otro, una vez más, del propio grupo destinatario y del medio elegido. Por ejemplo, si quieres captar nuevos clientes jóvenes a través de Instagram, YouTube y similares, el "tú" es mucho más apropiado que el "tú". Por el contrario, los posibles nuevos inversores o los miembros de tu junta directiva pueden mostrarse menos entusiastas si no te diriges a ellos por su nombre de pila. En cualquier caso, sin embargo, debes preferir una dirección directa (tú/ellos) a la indirecta (hombre). Así se crea un vínculo. Y como ya has aprendido, éste es uno de los factores más importantes de la narración en marketing.

¿Formal o "joven y moderno"?

Aquí también son cruciales el tema, el grupo destinatario y el formato. Si presentas tu empresa como un futuro empleador para aprendices y se ajusta a tu sector y a tus valores corporativos, nada te impide aflojar un poco los viejos patrones rígidos e incluso escribir en lenguaje cotidiano. Pero, por favor, no utilices demasiado el lenguaje supuestamente actual de los jóvenes. Porque esto cambia a tal ritmo que probablemente tendrías que revisar por completo tu página profesional al menos una vez al año para mantenerte al día. En cualquier caso, es importante que utilices un alemán comprensible y correcto. De lo contrario, todo parecerá rápidamente poco profesional, por muy buenas que sean tus historias. Las historias formales son especialmente adecuadas si estás presentando los últimos estudios sobre tu sector, si te diriges a un público especializado o si simplemente siguen siendo habituales en tu campo, por ejemplo, en los seguros.

¿Y el humor, la ironía y el sarcasmo?
En principio, es posible contar una historia con un guiño, sobre todo si, por ejemplo, se trata de un conflicto que se resolvió por casualidad o con la ayuda de una idea curiosa. O cuando un problema (técnico) supuestamente grande se resolvió con un pequeño movimiento. Sin embargo, la dosis es importante. Si compartes a menudo historias más bien humorísticas, esto podría hacer que te tomaran menos en serio -¿quién habría creído más en tiempos de escuela que se cancelaban las clases porque el profesor estaba enfermo: el payaso del recreo o el delegado de clase? Aunque la autoburla está bien de vez en cuando para seguir siendo auténtico y poder transmitir que sabes que no siempre todo va como un reloj contigo, ¡debes abstenerte definitivamente de hacer comentarios sarcásticos a nivel de empresa! Esto puede volverse rápidamente en tu contra y hacerte parecer poco comprensivo o incluso insensible. Si, por

ejemplo, te enteras de una anécdota curiosa de un cliente o empleado y quieres contarla con un pequeño guiño, también debes asegurarte de que la persona en cuestión no sea claramente identificable; al fin y al cabo, nadie debe quedar al descubierto. (No sólo porque una jugosa disputa legal podría amenazar...)

El uso de palabras técnicas y extranjeras
En la mayoría de los casos, menos es más. Y si puedes prescindir por completo de complejas construcciones de palabras y frases, aún mejor. De lo que se trata es de suscitar emociones.
Sin embargo, lo más probable es que los textos incomprensibles y la "jerga técnica" provoquen reacciones defensivas en lugar de emociones positivas, si es que las provocan. El cerebro humano puede procesar mejor la información cuando se le presenta en forma de imágenes y patrones familiares. En cambio, los conceptos abstractos son difíciles o imposibles de procesar. Si quieres información más detallada sobre esto, te recomiendo el libro de Daniel Kahneman "Pensamiento rápido, pensamiento lento".

En términos concretos, esto significa para ti: si quieres o necesitas reestructurar, ampliar o cambiar tu empresa en términos de personal, por ejemplo, entonces no hables de "gestión del cambio", "reasignación de recursos" o procesos similares que suenen complicados. En su lugar, describe pictóricamente que es necesario, por ejemplo, cerrar el departamento X porque Y. O que estás planificando un nuevo departamento. O que estás planeando abrir una sucursal en otra ciudad porque ha resultado que la demanda de tus productos/servicios es especialmente alta (allí). O que vas a crear un nuevo puesto en tu departamento de marketing para que alguien se encargue de contar historias en el futuro. Una de las pocas excepciones en las que se desea explícitamente el uso de extranjerismos y tecnicismos es cuando envías un artículo a la prensa especializada o das una charla relevante en un evento del sector/ante un público profesional. Sin embargo, esto también se deduce de la designación de los destinatarios correspondientes.

La práctica hace al maestro - más consejos y trucos

Como sin duda ya te habrás dado cuenta, la lista de cosas que debes hacer (o evitar a toda costa) podría ser interminable. Pero por muy larga que fuera finalmente la lista, nunca estaría completa. Y tú (y todos los demás, incluido yo) seguirías cometiendo algunos errores, sobre todo al principio; al fin y al cabo, ningún maestro ha caído nunca del cielo. Al contrario: diversos estudios han demostrado que las personas necesitan haber practicado una nueva habilidad durante unas 10.000 horas de media para adquirir realmente la correspondiente cualificación de maestro en ella. Así que sólo hay una cosa que hacer: practicar, practicar y practicar; estar dispuesto a aprender de tus errores y, sobre todo, no desanimarte. Aquí tienes ahora algunos consejos generales más que pueden ayudarte a mejorar aún más tu relato.

¡Sin frases anidadas!

Para que tu público siga mejor tu historia, ésta debe ser lo más sencilla posible desde el punto de vista lingüístico. Las estructuras de frases largas, compuestas de varias cláusulas principales y subordinadas, complican el texto más de lo necesario. Esto puede resultar rápidamente "demasiado agotador" para el lector. A veces, sin embargo, las oraciones solapadas también dan la impresión de que el propio autor no sabe realmente lo que quería decir. ¡No es una idea agradable! Por tanto: hazlo breve y sencillo (KISS). Por ejemplo, intenta utilizar el menor número posible de estructuras oracionales. Haz dos (o tres) frases cortas a partir de una larga. Aprenderás más sobre la sencillez en el capítulo siguiente.

Fotos, fotos y más fotos

Las imágenes despiertan emociones. Y asociaciones. Y esto no sólo se refiere a imágenes en el sentido de fotos y vídeos, sino sobre todo a las proverbiales "imágenes en la cabeza". Por eso en el mundo de habla estadounidense -aunque parezca confuso a primera vista- hablamos a menudo de "mostrar, no contar" cuando se trata de contar bien una historia. Hay dos cosas detrás de esto: por un lado, no se trata sólo de proclamar valores (abstractos) como "fiabilidad", "calidad" y "orientación al cliente", sino también de resaltarlos mediante ejemplos concretos. Y en segundo lugar, estrechamente relacionado y ya brevemente mencionado anteriormente: Se trata de "captar al público allí donde se encuentra". Esto significa que creas imágenes concretas en la mente de tus destinatarios, porque así también se activan las asociaciones y emociones asociadas que, en última instancia, garantizan que tu empresa también se vincule con esas características. Por tanto, tu historia debe contarse de forma tan pictórica que el lector tenga la sensación de estar viviéndola él mismo. Cuanto mejor consigas crear imágenes, más tiempo permanecerá tu historia en la memoria de tu destinatario.

Adjetivos con moderación, no en masa

Hoy en día, sin embargo, es habitual que mucha gente quiera conseguir la pictoricidad de su narración principalmente mediante un mayor uso de adjetivos; a menudo, sin embargo, éstos son más bien superfluos e hinchan artificialmente la historia en lugar de ofrecer un valor añadido. Un ejemplo clásico de ello son las "terribles catástrofes" (al fin y al cabo, la propia definición de la palabra indica que rara vez se trata de algo inofensivo y fundamentalmente no bueno). Algo parecido ocurre con los pleonasmos à la "moho blanco" y "cuervo negro". También deben evitarse los dobleónimos como "enorme daño" (o el uso de la palabra "enorme" en general). También aquí, como con los extranjerismos: Menos es más.

El eterno sufrimiento con superlativos
No sólo se suele abusar de los adjetivos, sino también de los superlativos. Si, por ejemplo, elogias cada uno de tus productos como "el mejor" (o peor: como "el mejor absoluto"), el efecto deseado se pierde rápidamente o incluso puede convertirse en lo contrario: si constantemente hablas de ti mismo sólo en los términos más elevados y nunca muestras ninguna autocrítica, puedes estar un poco demasiado ensimismado y, por tanto, potencialmente fuera de contacto con la realidad - no es una cualidad que desees en un proveedor de servicios, un suministrador o un socio colaborador. Aparte de eso, el uso constante de superlativos (más aún cuando no existen de ese modo, como "el único" en lugar de "la única") parece más bien una especie de espectáculo publicitario permanente. Esto no tiene nada que ver con el buen marketing en general ni con la narración con estilo en particular. Por tanto, te invitamos a practicar la modestia en

este punto: no todo tiene que pregonarse como "super mega genial" para que los clientes lo perciban como tal.

Hasta aquí los consejos y trucos. Ahora es el momento de que te pongas manos a la obra y practiques, practiques y practiques. Cuando hayas escrito tu historia y sientas la necesidad de publicarla ahora mismo, es el momento de tomarte un breve descanso.

Respira hondo de nuevo antes de pasar al penúltimo capítulo (y, por tanto, también al último gran paso proactivo). Y sobre todo: ¡siéntete orgulloso de ti mismo! Si has llegado hasta aquí, ya has hecho la mayor parte del trabajo.

ANTES DE LA PUBLICACIÓN

¡Lo has conseguido! Has analizado con éxito qué historias quieres contar. Sabes por qué lo haces y cuándo, dónde y cómo debe publicarse la historia. Has terminado de escribir la historia y ahora sólo falta una cosa: la publicación. Pero, ¡espera! Antes de pulsar apresuradamente los botones de publicación correspondientes, deberías volver a revisar a fondo tu historia tú mismo y/o hacer que la revisen, especialmente en lo que respecta al contenido y al diseño lingüístico.

Comprueba el contenido con AIDA y KISS

Seguro que en tu carrera has oído hablar de la fórmula AIDA y del llamado principio KISS. Estos dos métodos son excelentes para comprobar una vez más la relevancia y comprensibilidad del contenido de tu historia.

A - Atención: La introducción de tu narración debe llamar la atención (por ejemplo, el título).

I - Interés: Debes despertar interés por el tema/empresa/producto

D - Deseo: El destinatario debe desarrollar una conexión emocional positiva (y, por ejemplo, un deseo de comprar).

A - Acción: animas al destinatario a actuar (por ejemplo, a comprar tus productos).

Aunque la fórmula AIDA está más orientada a las estrategias clásicas de marketing y publicidad, puedes utilizarla para comprobar al menos si tu historia está contada de forma "cautivadora" y hace que el público quiera seguirla con atención hasta el final. La idea básica de la fórmula AIDA puede integrarse bien, sobre todo en historias sobre tus productos o servicios, pero tambіén en testimonios de tus empleados o antiguos clientes y socios comerciales. Sin embargo, no es necesariamente adecuada para optimizar la historia de tu empresa, aunque también se beneficia de una narración animada. En cualquier caso, el principio KISS es una buena forma de garantizar que tus historias sean fáciles de entender y estén libres de adornos innecesarios.

KISS son las siglas de **"Keep It** Short **(and) Simple"**. Corto se refiere principalmente a que debes evitar la información, las palabras y las frases superfluas. Comprueba que la trama sigue un hilo conductor y no se enreda demasiado en detalles y subtramas. Elimina las duplicaciones y otras palabras superfluas, como ya se ha mencionado en la sección de consejos y trucos. Esto hará que tu historia sea automáticamente más fácil de entender y que tu mensaje central sea claro. Mantener la sencillez de la historia significa ante todo que debes mantener tanto la estructura narrativa simple y directa (por ejemplo, contando una historia cronológicamente o estructurándola con subtítulos) como el diseño lingüístico. Básalo en los conocimientos previos esperados de tu grupo destinatario. Y luego baja otro peldaño. Utiliza frases cortas y claras. Utiliza un lenguaje figurado que active la imaginación del lector. Utiliza ejemplos concretos, pero no entres en demasiados detalles: si después resulta que exactamente ese detalle (que falta) es de especial interés para el público, automáticamente habrás encontrado otra historia que contar.

Principio de los cuatro ojos en la corrección
No sólo debes volver a examinar la estructura y el contenido de tu relato antes de publicarlo. La corrección lingüística es igual de importante. Por eso tu texto debe ser revisado cuidadosamente de nuevo para detectar posibles errores de ortografía, gramática, sintaxis (estructura de las frases) y puntuación, preferiblemente por al menos otra persona que no haya leído el texto. Porque seguro que lo sabes por otros textos: En algún momento los has leído tantas veces que, literalmente, ya no puedes ver los errores. Incluso si, por ejemplo,

faltan palabras enteras, a partir de cierto momento ya no te das cuenta, porque conoces el texto al dedillo y, por tanto, tu cerebro lo lee automáticamente de forma correcta. No te preocupes, ¡no te pasa sólo a ti! Por eso te recomiendo que dejes la corrección, es decir, el examen lingüístico de tu texto, en manos de otra persona. Al fin y al cabo, cuatro ojos ven más que dos. Y, además, también recibirás una primera opinión sobre la (buena) acogida de tu historia. No dudes en pedir este feedback, al fin y al cabo, te ayudará a ser aún mejor narrador en el futuro.

Comprobación final: ¿Se ajusta la historia al medio elegido?

Ahora que has vuelto a poner a prueba tu historia, ha llegado el momento de analizar críticamente un último punto: ¿has adaptado también tu historia a los requisitos específicos del medio elegido? Dicho exageradamente: La mejor historia de cinco páginas te servirá de poco si tienes que enviar un breve tuit. Tan poco como que se te ocurra un eslogan breve y frívolo del tipo "Incluso los mejores cometen errores" en una presentación para nuevos inversores. Se trata de dos ejemplos extremos, e incluso un completo principiante en la narración de historias sabe que ambos ejemplos son absolutamente inútiles y probablemente rara vez se den en la práctica.

Sin embargo, a menudo ocurre que las campañas de marketing no prestan suficiente atención a las particularidades de cada canal. Especialmente si una campaña se va a publicar en varias plataformas, a menudo se descuida esta última instancia de control. Entonces es "Oh, simplemente tomaremos unas frases de la entrada de nuestro blog y las utilizaremos para Twitter" o "Haremos rápidamente una foto para Instagram y diremos a la gente que lea nuestro blog para obtener más información". En muy pocos casos este método conduce realmente al éxito. Porque sólo la forma en que los usuarios interactúan entre sí en las distintas plataformas es muy diversa. Esto también se debe en gran medida a los propios usuarios; la edad y el estatus social, en particular, tienen una gran influencia en la (no) elección de un determinado medio, por un lado, y en el estilo de comunicación elegido, por otro.

Lo contrario también es cierto para ti: un canal basado principalmente en aportaciones de imágenes o vídeos te abre posibilidades completamente distintas (sobre todo en cuanto al "escenario") que un portal de publicación basado puramente en texto. Llegados a este punto, puedes comprobar una vez más lo importante que es no limitarse a escribir a lo loco y publicar la primera idea que te venga a la cabeza. Es más eficaz recopilar tus pensamientos, organizarlos, planificar los procesos de edición individuales... y luego ponerlos en práctica paso a paso. Cuando hayas terminado y revisado tu historia, lo habrás conseguido.

Ahora ya has terminado con todo y por fin puedes pulsar el botón "Publicar" con orgullo: ¡enhorabuena!

DESPUÉS DE LA PUBLICACIÓN: SEGUIMIENTO Y ANÁLISIS DEL ÉXITO DE TUS CONTRIBUCIONES

Aunque te has ganado con creces otro pequeño respiro, todavía no te has librado del todo tras publicar tu artículo: para implantar con éxito y de forma permanente la narración de historias en tu estrategia de marketing, por supuesto también debes someterla a un control constante del éxito. Recuerda tu objetivo SMART: ¿Qué quieres conseguir con tus historias? Es cierto que iría más allá del alcance de esta guía hablar en detalle de todas las herramientas analíticas. Dicho esto, imagino que en el transcurso de tus actividades de marketing anteriores ya tienes una buena noción de lo que importa. Básicamente, sin embargo, me gustaría mencionar algunas posibilidades que tienes para comprobar el éxito de tus historias:

Por un lado, puedes utilizar los llamados "insights" en plataformas como Facebook, Instagram y co. Éstas las proporciona la plataforma y puedes averiguar, por ejemplo, cuántas personas interactúan con tu publicación y de qué manera lo han hecho.

Si la información proporcionada por la propia plataforma respectiva no es suficiente, también existen los llamados proveedores externos (a menudo de pago) (como Google Analytics) que pueden poner a tu disposición más datos y su análisis. Sin embargo, cuando los utilices, presta atención a los términos y condiciones de la plataforma que estés utilizando (algunas amenazan con bloquear tu cuenta de usuario si utilizas proveedores externos) y, sobre todo, asegúrate de que no infringes el Reglamento Europeo de Protección de Datos (Datenschutzgrundver ordnung - DSGVO). Lo mismo se aplica si, por ejemplo, instalas herramientas de análisis y plug-ins en tu sitio web y blog. En este caso, la precaución es la madre de toda prudencia: Coloca un aviso claramente visible sobre qué datos recopilas y con qué finalidad: el llamado aviso sobre cookies. Lo mejor es permitir que los visitantes del sitio web decidan por sí mismos qué datos pueden almacenarse y utilizarse. Esto te ahorrará muchas posibles disputas legales. Seguro que tú mismo has visto a menudo este tipo de solicitudes de permiso de cookies cuando estabas en Internet.

Otra posibilidad sería realizar encuestas o encargar su realización. Sin embargo, hoy en día esta variante de obtener conocimientos es bastante difícil y suele estar vinculada al uso de grandes recursos financieros, de personal y de tiempo. Como alternativa, puedes llevar a cabo las llamadas Pruebas A-/B. En este caso, a una parte de tu grupo destinatario se le muestra la versión A de tu contribución, y la otra parte ve una versión B modificada. De este modo, se comprueba en relación con un factor X concreto de qué manera es mejor recibida por el grupo destinatario.

Por último, podemos decir algo sobre el seguimiento y el análisis del éxito: De forma similar a la creación del artículo, aquí también es cierto que un trabajo preliminar razonable ya es la mitad de la batalla. Cuanto más precisamente definas el objetivo de tu campaña/post, más fácil te resultará determinar los factores que debes analizar. Y cuanto más precisamente sepas cuáles son los respectivos factores de éxito, mejor podrás equiparte para controlarlos y analizarlos. Esto, a su vez, te permitirá adaptar aún mejor las futuras historias a tu grupo objetivo y a los canales que utilices. Por tanto, es muy importante que actualices periódicamente tu plan editorial y tu estilo narrativo e incorpores los nuevos conocimientos adquiridos. Porque así es como conviertes la narración en tu ventaja en el mercado del marketing.

Para que en el futuro, en cuanto te sientas lo suficientemente seguro, ya no tengas que repasar toda la guía línea por línea, en las páginas siguientes encontrarás un plan de 11 puntos que, una vez más, te muestra los pasos más importantes. De este modo, podrás seguir planificando cómodamente tu historia de principio a fin y convertirte tú mismo en un narrador profesional. ¡Te deseo mucha diversión y éxito!

Corto y dulce: 11 pasos para contar historias en marketing

Para resumir una vez más el contenido de la guía, a continuación encontrarás una guía rápida de 11 puntos para que tu historia vaya bien desde el principio hasta el final y luego hasta el hombre/mujer. Por supuesto, puedes añadir tus propias experiencias y puntos de vista.

1. Define tu objetivo y responde a las preguntas W
Recuerda el "Círculo de Oro": ¿POR QUÉ haces lo que haces? ¿CÓMO lo haces? ¿Y QUÉ estás haciendo exactamente? Responder a estas preguntas ya te da una idea de por dónde va el viaje. También para aclararte: ¿A QUIÉN quiero llegar? ¿POR QUÉ quiero dirigirme a este grupo objetivo? ¿CÓMO, DÓNDE y CUÁNDO quiero llegar a ellos? ¿QUIÉN es responsable de la ejecución? También es importante: ¿CUÁN ALTO es mi presupuesto?

2. Reúne ideas que se ajusten a tus objetivos
Ideas generales: Historia fundacional, historias sobre productos, nuevas tendencias y estudios del sector, historias de empleados y clientes, historias sobre ferias y eventos a los que se asiste. Además, la lluvia de ideas y los análisis de buenas prácticas son adecuados para generar más ideas.

3. Planifica tus entradas y crea un plan editorial
Piensa en una estrategia general y anótala en un plan editorial. Debe incluir qué historia se va a publicar, cuándo y dónde. También debes anotar cuánto tiempo de antelación necesitas y si, por

ejemplo, hay que recurrir a proveedores de servicios externos (como productores de vídeo) u obtener material adicional.

4. Ten preparadas todas las herramientas que puedas necesitar

En caso de duda, son al menos tus apuntes y esta guía. Cualquier cosa que ayude a que tu escritura fluya y al mismo tiempo garantice que no pierdes la concentración es también una buena herramienta.

5. Esboza la trama

¿Quién es el héroe de la historia? ¿Desde qué perspectiva se cuenta la historia? ¿Cuál es la situación inicial? ¿De qué conflicto se trata? ¿Hay otros personajes? ¿Cómo se resuelve finalmente el conflicto?

6. Empieza

Desahógate, diviértete. La práctica hace al maestro, y cuanto más pruebes, más probabilidades tendrás de encontrar el estilo que se adapte a ti.

7. AIDA, KISS y la cuestión de la estructura adecuada

Una vez que estés satisfecho con tu historia y sientas el impulso de publicarla directamente, tómate el tiempo necesario para ponerla a prueba. Asegúrate de que tus frases sean cortas y concisas. Asegúrate de eliminar del texto las líneas argumentales superfluas, las frases y las palabras de relleno: tu público te lo agradecerá. Comprueba también si has utilizado un lenguaje figurado y emotivo, y evita en lo posible los tecnicismos y extranjerismos.

8. Vuelve a revisar la historia

Una vez que hayas revisado tu historia, haz que al menos otra persona (un colega/miembro del personal o un editor profesional) la revise en busca de errores lingüísticos u otras incoherencias. Hay que examinar de cerca la ortografía y la gramática en particular, pero también la estructura de las frases y la puntuación. Aquí la regla es: cuatro ojos ven más que dos (y seis ojos ven más que cuatro...).

9. Comprueba de nuevo si la historia se adapta al medio deseado

Por último, pregúntate una vez más si tu narrativa no sólo está adaptada al grupo objetivo deseado, sino también al medio seleccionado. Recuerda una vez más las particularidades de cada plataforma y comprueba si las has tenido en cuenta. Por ejemplo, un tuit no puede tener más de 280 caracteres, mientras que una entrada de blog bien podría contener 1.000 palabras o más.

10. Publica la noticia a la hora prevista

No tienes que escribir tu historia "cuando la necesites". La ventaja del plan editorial y del marketing de contenidos/storytelling en general es que puedes simplemente escribir la historia cuando te convenga, incluso meses antes de la fecha de publicación prevista. Basta con que hagas la anotación correspondiente en tu plan editorial y todo lo que tienes que hacer es pulsar el botón en el momento oportuno.

11. Comprueba la eficacia de tus historias

Utiliza herramientas analíticas para comprobar qué historias tienen buena acogida. Ajusta en consecuencia tu plan editorial y tu estilo narrativo de forma continua.